Jetzt

IST DIE BESTE ZEIT

AUGEN ZU UND TANZEN

HINFALLEN
Aufstehen
Krone richten
WEITERGEHEN

LACHE
Liebe
Lebe

MIR REICHT´S!
Ich geh schaukeln.

NIMM DIR
Zeit
FÜR DIE DINGE,
DIE DICH
glücklich
MACHEN

ABER DAS
GÄNSEBLÜMCHEN
HAT DOCH GESAGT, DU LIEBST MICH

LIFE IS BETTER WITH FRIENDS

WER NICHT VOM

FLIEGEN

TRÄUMT,

DEM WACHSEN

KEINE

FLÜGEL!

Robert Lerch

ICH FÜHLE MICH,
ALS KÖNNTE ICH
BÄUME AUSREISSEN.
ALSO KLEINE BÄUME.
VIELLEICHT BAMBUS.
ODER BLUMEN.
NA GUT, GRAS.
GRAS GEHT ...

ICH STEHE NICHT IM

Regen,

ICH DUSCHE UNTER

Wolken

MORGENS
CIRCUS
ABENDS
THEATER

REGEN
IST KONFETTI
AUS DEM
HIMMEL

PILLE PALLE

Lebenslust

YOU ARE MY STAR!

Nur wer
gegen den Strom
schwimmt,
....
kommt zur
Quelle

We are like a
SNOWFLAKE
all different in our own
beautiful way

BITTE
Lächeln

MEHR
LICHTER
MEER

Die Küche
sieht aus
wie Sau.
Ich hab
das Licht
ausgemacht.

Jetzt geht's.

Glück & Liebe

WERDEN MEHR,
WENN MAN SIE VERSCHWENDET

PROBLEME

löse ich meist mit

FEENSTAUB

BELIEVE
in MAGIC

FLOW

DON'T WORRY

Paradies
VOGEL

BE
YOU
tiful

Wonder
World

Leben ist nicht genug,
SAGTE DER
Schmetterling.
Sonnenschein, Freiheit
und eine kleine Blume
gehören auch dazu.
HANS CHRISTIAN ANDERSEN

Glück

NICHT
ÄRGERN
NUR
WUNDERN

FREUND SCHAFT*

*heißt so,
weil man mit Freunden alles schafft

Einmal
VIEL
von allem
BITTE

SINNLOS
IST EIN
Leben
OHNE
Unsinn

ES IST DAS
ENDE DER WELT
SAGTE DIE
Raupe

ES IST ERST
DER ANFANG
SAGTE DER
Schmetterling

DO
WHAT
MAKES
YOU
happy

I AM
happy!

ALLES
ist
IMMER
für
irgendetwas
GUT

Am Ende

wird alles gut.

Und wenn es nicht gut ist,
ist es noch nicht

das Ende!

Oscar Wilde

BILDNACHWEIS:

Getty Images / Thinkstock

TEXTNACHWEIS:

Das Zitat »Wer nicht vom Fliegen träumt, dem wachsen keine Flügel« wurde dem gleichnamigen Buch von Robert Lerch im Karin Fischer Verlag (2012) entnommen. Vielen Dank für die freundliche Genehmigung.
In einigen Fällen war es leider nicht möglich, für den Abdruck der Texte die Rechteinhaber zu ermitteln. Der Verlag entschuldigt sich für eventuelle Versäumnisse und wird gegebenenfalls Korrekturen in zukünftigen Auflagen vornehmen.

Design: Romy Pohl, Grafisches Atelier, arsEdition
ISBN 978-3-8458-1244-1
www. arsedition.de

FSC www.fsc.org
MIX
Papier aus verantwortungsvollen Quellen
FSC® C015559